創造人生奇蹟的
100日
冥書寫

采奐 채환
인생을 바꾸

林建豪 譯

開始之前

前言&本書使用方法

只要100天，
一日一張的書寫式冥想，
打造你想要的
無憂與平靜人生

何謂冥想？

靜靜坐著閉上雙眼，靜止不動，這並不是冥想，

不管是進行某個動作、坐著、站著或躺著，任何一種情況下我們都能進入冥想狀態且保持平靜。

冥想是指一種清醒的精神狀態。換句話說，無論你身在何處、和誰在一起或做任何事時，只要當下是保持精神清醒的狀態就算是冥想了。

這裡所說的清醒是指什麼呢？
清醒就等於觀察。

不會受突發狀況影響或身陷其中，能夠在剎那間保持完整的自我，以及觀察那一瞬間的狀況。舉例來說，當我們在看電影時，不要站在主角的視角表達喜怒哀樂，而是站在指導電影的導演的角度去觀看，站在親手打造電影發展動向的立場觀看，這樣的觀察就是冥想的開始。

我們的存在大致上是由身體、思維,以及讓身體與思維運作的能量組成。這三項要素必須時時維持均衡,我們才能享有健康與幸福的人生。如果你現在覺得人生既艱困又難熬,就表示身體、思維與能量失去平衡了。

　　這三者當中,最容易藉由努力來改變的就是思維。因為人類無時無刻都在思考,想法也隨時都在改變。如果能專注讓思維轉往好的方向,我們的人生就會往更好的方向發展。

　　我們會透過語言表達想法,語言是行動的前一個階段,當我們的情緒超越理智時,會先讓話語脫口而出。時而說出髒話,時而說出耳濡目染又不堪入耳的話。所以,為了引導思維往正向發展,最好能退一步思索自己平日的說話習慣。只要慢慢地改變自己的說話語氣、詞彙和句子,就能擺脫負面思維,轉化成良好的思維習慣。

　　本書介紹能改變自我與人生的最佳方法,那就是每天利用10分鐘的時間,親筆寫下好話與自我啟發。只要親手寫下

充滿正能量的話、滿載希望的話、體貼的話、親切的話、富滿愛意的話……, 不久後, 你不僅能夠自然地開口說出那些話, 行動也會隨著改變, 並讓人生如同流水般改變方向。

這就是書寫式冥想的目的。書寫的冥想和一般寫字不同, 是讓你在書寫每一字每一句時運用冥想的技巧, 每天花10分鐘書寫好話。只要在連續100天內, 依照書中的指示書寫, 不僅能改變現狀, 明天也會有所不同, 而且讓人生在不知不覺中改變。

這是一個雙眼、雙耳、嘴巴和雙手等, 都能完全專注與認清自我的清醒時刻。

找出隱藏在潛意識深處的希望, 以及洗滌長年負面記憶的時刻。

隨時隨地都能在自己選擇的地方, 與內心深處的自己面對面。

看見自己親自寫的字, 思維會產生變化, 說話方式會不

同, 行動也會跟著改變。當每一個行動累積後會形成新習慣, 使長久以來的問題迎刃而解, 每天都有人生漸入佳境的感覺。我想引導大家培養寫好話的習慣, 邁向一個今天比昨天更好, 明天比今天更好的平靜旅程。

　　希望閱讀本書的讀者都能擺脫擔憂與痛苦, 過著幸福與平靜的生活。

雙手合十祈禱
采奐

準備平常使用的鉛筆或鋼筆。

開始閱讀前，暫時閉上雙眼，用鼻子深深吸一口氣，然後從嘴巴輕輕吐氣。

讓心情保持平靜，面帶笑容閱讀書中的文字。

慢慢閱讀本日進度的內容，

在看過全部內容後，輕輕握起準備好的筆。

手拿起筆，試著感受其觸感。

是溫暖？

冰冷？

光滑？

還是粗糙的呢？

今天閱讀過的內容中，最有感觸的部分再讀一次，慢慢寫在紙張上。

仔細聆聽筆尖和紙張摩擦的聲音，細心觀看自己寫下的一字一句，不需要因為寫得太潦草而重寫，保持放鬆的心情進行就行了。

最後，依照今日感謝冥想寫一遍，第一個「感謝」代表謝謝過去面對的所有情況；第二個「感謝」是謝謝此時此刻面對的一切。感謝過去與現在的想法，是為未來帶來更令人感激之事的咒語。

先調整呼吸，再開始動筆，

感受每一次的吸氣與吐氣，

每寫完一行，最好再調整一下呼吸。

傾聽自己的呼吸，

感受呼吸的溫度，

在寫字的過程中，感受自己的呼吸聲。

聆聽自己的呼吸聲，等同於傾聽生命的聲音。

因為我們誕生於這個世界時，第一個聽見的就是自己的呼吸聲。

靜靜地專注聆聽自己的呼吸聲，內心會立刻變得平靜，然後用鼻子深呼吸與吐氣。

反覆執行這個呼吸法，能幫助意識進入最初的平靜狀態，當我們專注於每一句話時，內心會變更加和平與寧靜。日後你的心境、行動與生活，就會依照自己寫下的文章，循著其中的意義而發展。

寫一次就會變好一次，寫十次就會變好十次。
一邊觀察自己的呼吸，持之以恆反覆練習寫好話。

呼吸會隨著情緒變化。
這本書會幫助你舒緩內心怒氣，讓擔憂一掃而空，甚至更進一步，讓我們確信平靜與好事的降臨。

靜靜呼吸，寫下每一句話。
你的思緒將很快沉澱下來，腦袋更加清晰，心情趨向平靜。而且會感覺到過去這段期間，壓抑在心中的某個東西消失不見。

第1階段　注 視

第一階段

注視

DAY 1~DAY 25

從前的我是如何看待自己？
從前的我不清楚自己是什麼樣的人，
也沒能輕易看見自己的模樣，
甚至經常因為逼迫自己、
無法接納自己而感到痛苦。

儘管從前都沒能認清真正的自己，
但此時此刻
我要全心全意地接受與認同自己，
在接納與正視當下的這一刻，
試著把眼睛所見、
耳朵所聞與內心感受
對自己完整、重複地說出口，

注視就等於寬恕。

注視平靜的面容

表情形成面容，而面容會改變命運。當你與他人互相注視，雙方令人備感安適的臉龐，是締結良好關係的方法。注視好的臉龐、好的面相，會讓人內心感到舒服。面帶笑容的臉龐、溫和與溫柔的臉龐，就是你如實的面容。

我的表情是溫和與舒適的

我的臉龐是溫和與舒適的

我的笑容是溫暖與舒適的

我的內心是溫暖與舒適的

我的一切都是舒適的

一切面向

都變得很舒服了

感謝

感謝

注視身體與內心·1

我們應該關心自己的身體，稍有片刻放縱身體，就會造成一輩子的病痛。關注身體，便能獲得健康；不愛惜身體，便會開始病痛。身心是一體的，當心境平靜時，身體也能獲得平靜，當身心都獲得平靜時，自然能遠離疾病。

我會注視自己的身體

我會注視自己的心境

每天我都會變更好

每天我都會更進步

每天我都會變健康

每天我都會獲得治癒

我一定會變更好

我一定會更進步

所有層面都變好

所有層面都進步

所有層面都獲得治癒

一切面向

都獲得了治癒

感謝

感謝

注視我創造的事物

當生活出現瓶頸時，我一度質疑起自己存在的當下。令人感激的是，我遇見了一段美好的關係，留下了難以忘懷的幸福時光。但回顧過去時，我驀然明白，所有的幸與不幸全都是自己創造的，而非任何人的錯。好好去看，每一瞬間的幸與不幸都是由你自己創造的。

我現在展現出正向的心態

我現在散發著歡喜之情

我現在十分滿足

我現在心存感謝

我現在滿心幸福

我已經是幸福

又令人憐愛的存在

感謝

感謝

注視日常的緣分

從「心」開始,所有緣分都存在於我的心中。好的勝過壞的,正向的勝過負面的,我們勝過我,我們屬於眾人。當他人笑了,我也笑了,當我們笑了,世界也跟著笑了。所有回到我身邊的,都只會是微笑。

希望與我相遇的所有緣分都很健康

希望與我結識的所有緣分都很平安

能擺脫貧困與匱乏,獲得豐足的生活

希望我結識的所有緣分

能脫離悲傷與憂鬱,獲得平靜的生活

希望我結識的所有緣分

能遠離煩惱與痛苦,獲得幸福的生活

接受眼前的一切

感謝

感謝

注視完整的我

獨處是關心自己的時間;關注是照顧心境的時間;注視是解讀內在的時間。思考、理解、滿足與掏空雜念。擁抱、成長與珍惜擁有。關係會持續,受到治癒並順流延續。

我注視自己

我回顧自己

我照顧自己

我淨空自己

我培育自己

讓自己如同花朵般綻放

我已經開花了

感謝

感謝

注視疲憊的心

在最漂亮的時節,遇見最漂亮的我,度過了最漂亮的一天。明天我也要
度過漂亮的一天,不管是今天或明天,每天我都要過得漂亮與充滿愛,
我是漂亮與珍貴的存在。

我真漂亮

我真帥氣

今天也過了漂亮的一天

我真是討人喜歡

我充滿感激

現在這樣也不錯

就算累一點也無妨

就算現在哭也沒關係

悲傷也沒關係

感到挫折也沒關係

都是暫時的而已

因為一切都會過去

一切都過去了

感謝

感謝

注視如實的我

智者敞開胸懷，愚者封閉內心；智者接納世界，愚者與世界疏離。倘若眼前有雜草叢生的田野，現在開始栽種就行了，現在開始著手，收成結果之日終將到來。我造就的因果，終將回到我身上。

當我心生厭惡, 厭惡會回到我身上
當我心生關愛, 關愛會回到我身上
當我給予祝福, 祝福會回到我身上
當我心生忌妒, 忌妒會回到我身上

如果我正視對方
對方也會正視我
如果我原諒對方
對方也會原諒我

我對一切都已坦然釋懷

感謝

感謝

以舒坦之心注視

就算手相好，也比不上面相；長相再美好，也比不過心地善良。外貌是
內心的鏡子，當內心感到舒服，外貌也會顯得舒服，當外貌變舒服後，
福氣自然到來。

我很舒服

我的外貌很舒服

我的表情也很舒服

我的內心很舒服

我的笑容很舒服

我的身體也很舒服

我的一切都很舒服

我在所有層面都很舒服

我的外貌很溫和平靜

我的表情很溫和平靜

我的內心也很溫和平靜

我的笑容很溫和平靜

我的身體很溫和平靜

我的一切都很溫和平靜

我的所有層面都很溫和平靜

身心都溫和安定下來了

感謝

感謝

注視原原本本的樣貌

注視物品、注視內心，默默照看。注視如實樣貌。謙虛地注視、平淡的注視，帶著接納去注視，宛如一無所知般地注視。

我注視自己
我注視原原本本的自己
我認同原原本本的自己
我接納原原本本的自己

我不和別人比較
我尊重自己
我愛自己
我要注視自己
我要注視如實存在的自己

我注視著原原本本的存在

感謝

感謝

注視內心

就算內心分歧，也要相信很快就能齊心一致，儘管相信自己吧。專注凝視內心後，就不會有異心，因為沒有異心，就能全心全意專注於自我。

忌妒變深時

會形成猜忌

當猜忌加深, 就會變厭惡

厭惡加劇後

就會變埋怨

當埋怨變深, 內心創傷會隨之惡化

我要趁內心的創傷惡化前

放下埋怨之心

放下厭惡之心

放下猜忌之心

放下忌妒之心

在形成忌妒之心前

放下比較的心態吧

我已是一心一意了

感謝

感謝

視爲一體

當身心合為一體時，一切都會變順遂。一體的健康代表全部的健康，一體的順遂代表全部的順遂，一體的感謝代表全部的感謝，一體的祈禱代表全部的祈禱。兩者成為一體代表全部合而為一。

我遇見的緣分不是兩條平行線

我遇見的存在等同於我的投影

我遇見的所有緣分都是美好的

我遇見的所有存在都是健康的

我遇見的一切都是順遂的

所有與我有緣的情況

我都懷著感恩之心

身心合爲一體了
感謝
感謝

注視內心深層

時時檢視內心深層。往內觀察的愈仔細、愈平靜、愈沉穩，就能看得愈透徹。隨著時間久了，自然就能明白。了解內心後，心境便能化為無。

一切都始於心

一切答案都在心中

一切原因都在心中

一切真理都在心中

我現在注視

我現在放下

我現在放開

我現在放手

我現在屏除雜念

一切都從我的內在開始

感謝

感謝

注視寂靜

以本質存在吧。不要感到不舒服。本來並非如此,而該是平和的;本來並非如此,打破錯覺吧。觀看我原本的面貌吧,我真正的名字是寂靜。

我是完整的
我當下的原貌是完整的

我是寂靜的
我當下的原貌是寂靜的

我是平和的
我當下的原貌是平和的

我本為完整
我本為寂靜
我本為平和

我是完整的存在
我是完整的
完整的

已經完整了

感謝

感謝

相信與注視 · 1

想像吧，不要懷疑。試著相信吧，深刻的去相信。滿足吧，你早已擁有一切。

我的想像會成為現實

我滿足於每一個瞬間

我相信我的潛意識

我的潛意識具備無限的能力

我的潛意識站在我這邊

我是我自己, 而非世上任何他人

我會成功邁向自己認定的目標

逐漸壯大那個模樣

朝向我想要的模樣邁進

讓今後的生活更加豐饒

我能實現一切憧憬的願望

我嚮往的一切願望都會實現

我的願望已經實現了

我已置身信任之中

感謝

感謝

注視眼前

事物的出現，皆有其理由存在。之所以能看見，是有看得見理由；之所以能聽見，是有聽得見的理由。之所以感恩，是有感恩的理由存在；之所以活著，是有活著的理由存在。

從今天起, 出現在我眼前的
一切緣分都要以平等之心面對
從今天起, 出現在我眼前的
一切緣分都要以正向之心看待
從今天起, 出現在我眼前的
一切緣分都要以關愛之心對待
從今天起, 出現在我眼前的
一切緣分都要以希望之心看待
從今天起, 對出現在我眼前的
一切緣分都要抱持著感恩之心

我已知道活著的理由了

感謝

感謝

注視安好

稍微休息一下也無妨。稍微慢一點也無妨。稍微生點病也無妨。稍微辛苦一點也無妨。沒事的，一切都很安好。沒事的。

我很好

我已經沒事了

我所有面向都很安好

我擁抱自己

我珍惜自己

我安慰自己

我正在好轉

我已經好很多了

我的一切面向都在好轉當中

已經在好轉中

感謝

感謝

注視完整

注視原本的面貌，而看見了完整無缺。注視著獨一無二，而看見了珍貴之處。注視著與生俱來的原貌，而看見了神秘。以神秘的目光注視，卻看見了平凡。以平凡的角度注視，卻看見了真理。

我出生時的樣貌, 已是完整的存在

我是世界獨一無二的

我是宇宙獨一無二的

我珍惜自己

我愛原原本本的自己

凝視完整和原本的自己

我出生時的面貌是神祕的

完好的我是完整的存在

完整的我是平凡的

平凡的我是完好的

我已是完好的存在

感謝

感謝

注視身體與內心・2

身體內有一顆心，心中則有身體存在。在不偏向任一邊的體內，有一顆
不與任一方衝撞的心。無論哪裡、無論何處，身心皆為一體。

我的身體很舒服

我的心很舒服

我的身體很健康

我的心很健康

我的心情很好, 懷抱著愉快的念頭

我的肌肉與皮膚一直都充滿彈性

我的所有器官都很安穩而有活力

我的身心是自由的

我在壓力下也很自在

我會自我調適

我的血管與循環系統每天都變得更好與健康

我的內臟器官與消化功能都充滿活力和氣力

我會以無限的愛對待健康的身體

我是健康的

我的身體很舒服

我的心也同樣舒服

我的身心皆已平靜下來了

感謝

感謝

相信與注視・2

相信會實現，最後終將實現；相信會幸福，就會獲得幸福；相信自己是
主角，就會成為主角；相信會好轉，情況就會好轉；相信會成長，就能
獲得成長；相信有勇氣，就會鼓起勇氣。相信就好，相信就會成真，讓
相信成為可信。

我相信

我相信會實現

我相信會幸福

我相信自己是主角

我相信自己正在成長

我相信奇蹟

我相信自己的勇氣

我相信自己有力量

我所相信的一切

都會照我相信樣子的實現

我已能夠去相信

所有層面了

感謝

感謝

沉穩地注視

因為沉穩,而沒有不足;因為沒有不足,也沒有過剩。因為沉穩而從容,因為從容而任其流轉。因明白而前往尋找時,迎接我們的是沉穩。

我很安定

我很充足

我很從容

我很沉穩

我的能量很安定

我的能量很充足

我的能量很平靜

我的能量很平穩

我被補滿了

我自然變充足了

我被淨化且變乾淨了

我很安定又從容

我很平穩又充足

所有的層面都很安定

感謝

感謝

了解後注視

想實現目標，卻不順利。但即使沒有實現，也是很正常的。不過，就算沒實現也無妨、就算陷入悲傷也沒關係。因為感覺到傷痛，代表能去做修正。有痛症，代表具備根治的力量。了解這點就夠了，你會沒事的。

我懂

我懂心

我明白是始於內心

我明白力量是存在的

我明白會沒事的

我懂得去感謝

我知道是托他人的福氣

我知道是有希望的

我已經知道所有的一切
感謝
感謝

在動搖中注視

有不會搖晃的樹木嗎？有不會搖晃又綻放的花朵嗎？有不會受到動搖的
生物嗎？不要費心思讓自己不受到動搖，費心就會動搖。我們無法理解
每個人，也不可能讓每個人都理解我們，就算是親生骨肉也難以理解，
畢竟我們連要了解自己都很吃力了。因此不用站的太堅挺，就算晃動也
沒關係。

我了解自己

我了解存在

我不會想了解所有人

我不會想獲得大家的了解

我注視原原本本的存在

我在動搖中觀看

我接受動搖

我會再次注視與接納

我已經認同動搖了

感謝

感謝

注視愛

等待愛時可能會疲憊，尋找愛時可能會迷路。茫然離去或許是答案，說不定我就在這個地方，或許徘徊的那個人是我。

這個世界上, 我最喜歡自己

我愛當下如實的自己

我要更常擁抱自己

更常擁抱世界獨一無二的我

更愛自己

給自己更多的祝福與更多的愛

比任何一個存在都更愛自己

真心給予珍惜, 真心給予愛

不管是今天或是明天

我都要更愛自己

愛我自己

我已經愛著自己

感謝

感謝

注視思緒

出現思緒時注視；出現思緒時觀看；出現思緒時察覺；出現思緒時清醒。
任由思緒出現，任由思緒消逝。思緒消失時就任其消失，思緒到來時任
由它來，全部都僅僅只是思緒而已。

出現思緒時注視

出現思緒時觀看

出現思緒時察覺

出現思緒時醒著

出現思緒時任其消逝

過去已經過去了

未來尚未到來

只有當下存在

注視當下

就只要悄悄地注視

看著看著

一切終將消失

看著看著

觀看者也消失了

所有思緒都消逝了

感謝

感謝

注視今天

再次挖掘埋藏的事物，取出的不是枝幹而是根。接納未來，而非根。承認偽裝成根的過去吧，持續地察覺與清醒，挖掘又掏空，今天出來了，現在出來了。

我今天也會注視

我今天也會細心注視

我今天也會好好觀察自己

我今天也會好好接納自己

我今天也會好好認同自己

我今天也察覺了

我今天也醒著了

我今天也做了今天的自己

今天此刻

再次今天

我活在當下

感謝

感謝

注視的祈禱

我今天
注視著原原本本
發生在我眼前的每一個瞬間

我今天
注視著原原本本
在我眼前要面對的一切緣分

我今天
不表露任何情緒地
注視著原原本本
發生在我眼前的所有狀況

注視又注視

DAY 26~DAY 50

第二階段

清

醒

現在的你是完全清醒的嗎？
如果此刻真的是清醒的，
大概不會有任何的苦痛。
對過去的不滿，
對未來的恐懼，
現實的所有苦痛
都是因為當下未能清醒而開始。
如果當下是安寧與寂靜的話，
此時此刻會是清醒狀態。
清醒的每一瞬間都有希望展開，
清醒的此時此刻，平靜會包裹住我。

現在，試著說出口。
我在這一刻，
我存在於當下此刻，
我在這一刻是清醒的。

清醒，就是睜開雙眼。

此刻的清醒

清醒是指，完整觀看周遭每一刻發生的事。清醒是指理解、認識與接受自己。清醒後一切就會相通，清醒後一切都會暢通無阻，清醒後唯有此刻存在。

我是清醒的

我現在是清醒的

我每一瞬間都是清醒的

我是完全清醒的

醒來吧、醒來吧, 快醒醒吧, 我呀

不要停下腳步, 清醒吧

停下就會沉睡

不要停下來, 保持清醒吧

我是清醒的

每一瞬間都是清醒的狀態

感謝

感謝

舒適的清醒

舒適的面容浮現舒適的表情，舒適的表情泛著舒適的笑容，舒適的笑容蘊含舒適的氣息，舒適的氣息帶來舒適的身體，舒適的身體創造舒適的心境。

我的面容是舒適的

我的表情是舒適的

我的笑容是舒適的

我的呼吸是舒適的

我的身體也是舒適的

我的心是舒適的

我的一切都是舒適的

我在所有層面都是舒適的

我的生活是舒適的

我的身與心

完全變舒適了

感謝

感謝

善良的清醒

善良會形成善良的循環，邪惡會衍生邪惡的循環；善良會帶來幸福，邪惡會造成不幸；善良會喚來喜悅，邪惡會喚來苦痛。

我是善良的
我喜歡善良之心
我說善良的話
我有善良的思維
我要保持善良之心
每天都帶著善意、保持善良之心活著
活得善良會帶來意想不到的福氣
各方面都善良會帶來真正的好緣分

我已帶著善良之心活著

感謝

感謝

感謝與清醒

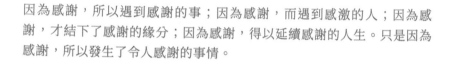

因為感謝，所以遇到感謝的事；因為感謝，而遇到感激的人；因為感謝，才結下了感謝的緣分；因為感謝，得以延續感謝的人生。只是因為感謝，所以發生了令人感謝的事情。

感謝後, 會變得從容

感謝後, 會變得舒適

感謝後, 會發生好事

感謝後, 能遇見好人

感謝後, 運氣會好轉

感謝後, 會變得健康

感謝後, 感謝的事

會以感謝的方式來臨

每天懷著感恩之心

每天都能活在感謝之中

我很感謝

我現在很感謝

我感謝每一瞬間

我依然不變地感謝

我每天都懷著感恩之心

感謝

感謝

變化中的清醒．1

好難受，是那種胸口刺痛發麻的程度。哭得哆嗦顫抖後，出現了無數的星星，又再度消失不見。太陽每日升起，月亮每晚落下，我卻沒發現那是再自然不過的事情。現在好像明白了，隨著時間流逝，事物終將改變。我會改變，最終會變好，最終會煥然一新，所以沒事的。

我會變好的

我會沒事的

我會更進步的

我會改善的

我會上升的

我終究會變好的

我終究會沒事的

我終究會更進步的

我終究會成功的

沒關係, 沒關係, 一切都沒關係

沒關係, 沒關係, 現在這樣沒關係

沒關係, 沒關係, 一切都會沒事

我知道一切事物都會改變

一切事物都在好轉當中

感謝

感謝

變化中的清醒・2

你希望不會改變嗎？這個世界上有不會變的人嗎？出生後經歷成長、結合與變化後，最後消失在這個世界上。沒有事物是固定不變的，沒有不變的事物，你和我，我們終將會改變的。希望不變的想法會帶來苦痛，無論遇見的對象是誰，都不要奢望對方不會改變，因為全部都會改變的。

一切都會改變

每個人都會改變

每段關係都會改變

所有思維都會改變

改變即人生

改變即真理

改變是理所當然

我接受改變

我認同改變

我明白改變

我已經接受所有變化了

感謝

感謝

在不安定中保持清醒

世界上的一切都是不安定的。所有的存在皆為不安定的。不安定的人生是自然的,自然是不安定的。因為不安定,所以蘊含著一切可能性,因為不安定,所以能成為任何可能。

我是可能性

我什麼都辦得到

我什麼都能成為

我正是那個什麼

我就是那個什麼

我是那個本身

那個本身

所有的事都具備可能性

感謝

感謝

我內心的清醒

如果有想要的事物，那就去創造吧！如果有想要的事物，那就去爭取吧！想要的欲望是從內心萌芽，因此，想要的事物就在我的心中。創造的能力在我的心中，我也很清楚能擁有的方法。從我心中開始，只在我的心中。

我創造

我創造了自己

我親手創造想要的事物

我能擁有想要的一切

我創造想要的世界

創造的能力就在我心中

我依照我想要的方式創造世界

創造這個世界的唯一存在就是我

世界會依照我想要的方式呈現

人生的一切可能性都操之於我

現在就是那個時刻

所以放手試試看吧

去試試吧

所有的鑰匙都在我心中
感謝
感謝

休憩的清醒

放自己自由。感到生活枯燥乏味時，暫時離開一下也好。到附近的山上也好，公園也好，只要一下就好。不用太誇張，不試圖佔有，不要執著留戀。一樣一樣放手的人生，慢慢消失的擔憂。我們需要練習回歸單純之中。你是否想掌握每一個瞬間呢？但此刻在自由中休息一下，試著喘口氣吧。

我在休息

放心的休息

我讓一切暫時休息

我讓所有思緒暫時休息

休息後, 我獲得了自由

休息後, 我變舒適了

我在休憩中變健康

我在休憩中變和平

我在休憩中獲得自由

我在休憩中獲得治癒

我在休憩中恢復

我已經沒有憂慮，

放心在休息了

感謝

感謝

在怨懟中保持清醒

怨懟就如同死去的身軀。遠離因死去而變質的事物吧。不要受怨懟束縛，遠離腐爛的事物，讓每一個呼吸都清醒。

我要做選擇

我選擇笑容

我選擇開心

我選擇喜悅

我選擇當下這一瞬間的幸福

過去已結束, 未來尚未來臨, 我只選擇現在

只選擇眼前的現在

我選擇現在這一瞬間的幸福

我因選擇幸福而擁有幸福

這是我做出的選擇

當我此刻做出選擇, 就會如此改變

我會做出選擇

我選擇此時此刻的幸福

我在感情上

已經選擇了喜悅與幸福

感謝

感謝

在幸運中保持清醒

讓運氣變好的方法是什麼呢？舒適會讓運氣變好。面帶笑容會讓運氣變好，坦然會讓運氣變好。分享會讓運氣變好，布施會讓運氣變好。屏除雜念會讓運氣變好。這就是全部了。

我笑了

我很舒適

我的運氣很好

我是一個運氣好的存在

每一天我的生活運勢都在變好

每一日運氣都在變好

我生活的運勢正逐漸上升

我生活的運勢正每天好轉

我人生的運勢每天都在變好

一天又一天，我生活的運氣都在上升

一天又一天，我生活的運氣漸漸變更好

我是一個運氣好的人

我的運氣很好

我的運氣正逐漸變好

感謝

感謝

始於我的清醒

從我本身開始。聚焦在我身上。因我而四散分離的。從我身邊消失的。
再次回到我身邊的。由我創造出來的。

我眼前看見的一切是我

我眼前聽見的一切是我

我眼前感受到的一切是我

我眼前出現的一切關係是我

我眼前發生的一切狀況是我

我已明白一切皆始於我

感謝

感謝

在懵懂中保持清醒

為什麼要學習深入內心呢？是為了領悟。領悟什麼呢？為了領悟無知。是對什麼的無知呢？本人自以為知道的事，這本身即為一種無知。我非常確定的一件事就是世事無常。何謂領悟？把某種體驗或情緒誤認為領悟時，明白這一切感情與情緒全都是幻覺。

我不懂

我什麼都不懂

我就是不懂

我依然不懂

我目前不懂

我往後也不會懂

我持續不懂

現在這一個瞬間

我依然不懂

不懂

我已明白自己什麼都不懂
感謝
感謝

在豐饒中保持清醒

分享真的會帶來豐饒嗎？沒錯，當心境豐足，一切都將豐足。你只是尚未嘗試過，所以還不知道而已。因此，抱持喜悅之心去布施與分享吧。

我是給予的存在

我是體貼的存在

我是分享的存在

我是奉獻的存在

我清空了欲望

我清空了自我

我分享自己的東西

在空之中宇宙的豐饒會來臨

在空之中豐足的能量充滿了我的生活

空即是豐足, 分享即宇宙

我越是豐足越去分享

我的生活一天比一天豐足

我的生活越豐足, 就越和世界一起分享

我因分享而更加豐足

我已在所有層面分享

感謝

感謝

動搖中的清醒

內心動搖，人生也會隨之動搖。但千萬別害怕，在動搖中生活正是人生。畢竟沒有不會動搖的人生，如同我的內心會動搖，世事也在動搖中存續。動搖，既是生命亦是能量。

動搖也無妨

跌倒也無妨

暫時停下也無妨

因為動搖即人生

因為動搖即生活

就算我現在動搖了也沒關係

動搖也是一種人生

動搖也是一種生活的樣貌

偶爾動搖也無妨

動搖也無妨

沒關係的

我已明白動搖

並活在其中

感謝

感謝

「福分」中的清醒

托宇宙的福，我存在。托地球的福，我活著。托空氣的福，我呼吸。多
虧了一杯水，我延續著生命。托你的福，我看見了希望。托自己的福，
我清醒。托清醒的福，我現存於世。

這是福分

一切都是福分

雖然我什麼都沒做

純粹感謝賜予我存在

純粹感謝賜予我呼吸

感謝所有緣分

多虧了所有存在, 我得以活著

多虧了所有緣分, 我得以存在於此刻

這是純粹的福分

感謝生活中的每一瞬間

感謝生活中的每段緣分

感謝生活中的每個存在

我活著的每一個瞬間

都是福分

感謝

感謝

第六感的清醒

別被惡作劇欺騙。別因為雙眼的惡作劇、雙耳的惡作劇、鼻子的惡作劇、舌頭的惡作劇、身體的惡作劇而掙扎！任由它去吧。單單允許，別去在意。單純注視，不要執著。所有瞬間都要保持清醒，完整地感受，在那股感覺中保持清醒。

我的思緒不是我

我的情緒不是我

我的記憶不是我

我的思緒、我的情緒、我的記憶會改變

我的思緒、我的情緒、我的記憶會過去

我的思緒、我的情緒、我的記憶會淡化

我的思緒、我的情緒、我的記憶會消失

別在意會改變的事物

別在意會過去的事物

別在意會消失的事物

放手吧

保持清醒

我的情感與五感已經清醒

感謝

感謝

路上的清醒

一步、兩步，每踏出一步路上便飛舞著花瓣。踏出十步、二十步，每跨出一步路上便飄來香氣。

我走的每條路都是和平的
我說的每句話都充滿香氣
我走的每條路都充滿希望
我走的每條路都是幸福的

我說的每句話都具備智慧
我走的每條路都擁有祝福
我走的每條路都是安全的
我走的每條路都是舒適的

我走的每條路都具備愛
我走的每條路都是奇蹟

讓我明白眼前的

這條路充滿和平與希望

感謝

感謝

瞬間的清醒

清醒是指，完整看透周圍每一瞬間發生的事。是停留在當下，過去已經結束，未來尚未到來。唯一能確定的是，此刻我只是停留在這裡，此刻我只是存在於這裡，此刻我只是全然清醒。

我只存在於此刻這一瞬間

只有這一瞬間是清醒的

只有這一瞬間是真實的

只有這一瞬間是全部

現在就是全部

全部就是現在

就是現在

清醒的我

每一瞬間都是清醒的

感謝

感謝

睜眼的清醒

睜開眼睛吧。儘管是路邊的一撮草，只要睜開眼睛，便能看見其中蘊含的宇宙；就算是河邊的石頭，只要睜開眼睛，便會得知這是數千年來守護地球的岩石。若能睜開眼睛，便能從飄落的一片落葉中，得知這是肥沃土壤的養分；若能睜開眼睛，便能從掉落的一滴雨珠中，明白這是踏上流向大海的漫長旅程。

我睜開了眼睛

現在確實睜開了眼睛

這個世界並不黑暗

黑暗來自閉上眼睛注視

我睜開了眼睛

睜開眼睛注視這個世界

現在我以清醒的心情注視世界

耀眼珍貴的世界在等著我

今天也睜開眼睛

現在立刻睜開眼睛

睜開

我每一瞬間都會睜開眼睛

敞開心房觀看世界

感謝

感謝

決心的清醒

會如你所願的實現。下定決心吧，依照你想進行的方式，說出口吧！
現在宇宙正等著你的命令。

我下定決心了

現在下定決心了

我現在下定決心，要變健康

我現在下定決心，要當富人

我現在下定決心，要變幸福

我現在下定決心，要更快活

我現在下定決心，要擁有希望

我現在下定決心，要讓生活變好

我現在下定決心，成為如實完整的存在

我依照決心成為一切

我依照決心實現一切

我依照想要的方式

依照自己的決心

實現了

感謝

感謝

自我束縛中的清醒

不要被束縛。別卡在自認為「沒錯」的想法上。「正確」的想法，沒有所謂的對與錯。只有做決定的存在而已。不要為難自己。讓自己最煎熬與最不安的就是自己；讓自己疲倦與自暴自棄的也是自己；讓自己失望與煎熬的通通都是自己。

一切都始於我的內心

一切喜悅都在我心中

一切歡喜都在我心中

一切的愛都在我心中

一切幸福都在我心中

一切希望都在我心中

一切真理都在我心中

我明白自己是
讓自己最難熬的存在了
感謝
感謝

感謝的清醒

我活了多久呢？懷著感恩之心活了多久呢？在人生的路口以過客的身分生活，在人生的每一個路口被視為異鄉人。偶爾想停下腳步與放手時，只要表達感謝就好了。讓我站起來的力量，正是感謝的力量。

我感謝每一天

我也感謝今天

我感謝每一瞬間

我感謝每一次呼吸

我感謝寫下這個字的瞬間

我感謝自己擁有的一切

我感謝自己遇到的一切

活著且能呼吸, 讓人很感謝

感謝我能存在於這個世界上

感謝我的身體, 感謝我的內心

感謝我遇見的所有緣分

感謝我的人生

活著的每一個瞬間
都不忘記感恩之心
感謝
感謝

執著中的清醒

亡者不會被聲音驚嚇。風不會被網子纏住。蓮花不會受淤泥汙染。犀牛的角不會停下腳步*。所有憂慮與擔心的原因都始於執著，一旦陷入執著，必定會伴隨苦痛。放下所有的執著，依照上天的旨意與自然法則，像水一樣順流而行。

我不會執著

不執著於物質與緣分

我不會對愛執著

不會糾結於任何一件事

我不會因為擁有很多而自滿

我不會因為擁有很少而畏縮

我不會執著於某種感覺與心情

我活著但不過度勞心費力

我只是順流而行

如同流水

編註：源自韓國作家孔枝泳（其另一本著作《熔爐》曾翻拍成電影）的作品《獨行如犀牛角》（무소의 뿔처럼 혼자서 가라），書名來自佛教的「不被境惑」，衍伸有「在自己相信的道路上前進」之意。

我明白活著的期間會有執著的時刻

願我每一瞬間都是清醒

感謝

感謝

痛下決心的清醒

如果期望好事發生在自己身上，要先期待好事降臨在他人身上。我們施加於他人的行為，終將回到我們身邊。用心對待每段擦肩而過的緣分。我遇見的所有緣分啊，祈求你們總是有很多好事發生。

我遇見的所有緣分

好事源源不絕地湧現

好事如雪崩般發生

好事如雲朵般降臨

好事自行找上門

好事不停地來臨

好事如呼吸般來臨

好事充滿我的生活

希望我遇見的所有緣分

都有滿滿的好事

感謝

感謝

我今天
以正向的心態清醒地
面對舉目所見的每個瞬間

我今天
以感恩之心清醒地
面對眼前出現的所有緣分

我今天
以平和之心清醒地
面對眼前展現的所有狀況

希望我能以溫暖的心態保持清醒
希望我能以寂靜的心態保持清醒

第三階段

覺 察

DAY 51~DAY 75

你現在對活著有什麼覺察嗎？
你有意識, 或者理解活著這件事嗎？
不管是吃東西、說話或走路時,
是否清楚自己正在做的事情呢？

覺察, 正是照亮我每一個瞬間的鏡子。
情感、欲望和內在
全都會投射在鏡子中。
如同觀察般注視每一瞬間
以及觀察自己, 就是覺察。

一旦明白, 痛苦便會消失。
覺察到怨懟後, 就能擺脫怨懟之情。
開心時好好開心,
悲傷時好好悲傷,
這是遇見絕對自由的魔法。

覺察, 正是與真正的自己相遇的方法。

如實的覺察

如果你現在的運氣很差，那並非任何人的錯。世事都是由各種心思、言語和行動揉合而成的。大自然不會逆流而行，是順流地認同與接納。原原本本地交付出去吧。如如實實地去覺察吧。只要好好觀看如實發生的事情就夠了。一定要仔細覺察。

貪欲出現時, 覺察貪欲

忌妒浮現時, 覺察忌妒

進行分辨時, 覺察分辨

產生負面情緒時

就覺察負面的心境

憤怒升起時, 覺察憤怒

若產生了比較之心

就覺察與他人的比較之心

我已覺察到每一瞬間

感謝

感謝

以正向之心去覺察

今天也變好了。無以言喻的好。當你感謝當下的好,將再度產生好事。目光不要放太遠,只要專心讓每一天都有稍微向前邁進就夠了。若是沒有好轉,務必相信未來一定會變好。真的會變好。

我會變更好

我正在變更好

我每天都變更好

我的所有面向都正在變好

令人感激的是,今天也變好了

多虧庇蔭,每天每天都在變好

每天都變好,真的很感謝

變好是我的流向

親身感受到現在變得更好了

我絕對會變好

我在所有面向一定會更好

每天每天，所有面向

都逐漸在變好了

感謝

感謝

以信任去覺察

相信吧，總之先從這個開始。無論相異或相同，先試著找出共通點吧。
理解了就能接納。不要害怕新事物，懷著感恩之心接納吧。這樣就會產
生接納的力量。付出行動吧。嘴上說不如實際去做，做了就會對自己產
生信任。感謝吧。我們都是天選的存在，試著去感謝神的照顧吧。

我相信自己

相信自己的人生

我相信自己會成功

我相信好事會降臨

我相信自己會愈來愈幸福

我相信好事會像傾盆大雨般降臨

我相信自己會成為希望的存在

我相信我的人生會幸福

我相信自己所思所言的

所有願望都早已被我吸引過來

我無時不刻

都能堅定不移地相信自己

感謝

感謝

覺察態度

不論在哪裡都要保持覺察，不論做什麼也要保持覺察，如此才能夠看清生活的樣貌。生活並非取決於人生道路上發生了的事，而是取決於用什麼態度去面對。

我覺察自己的態度

我很謙虛

我不埋怨他人

我不炫耀

我不搶風頭

我不說出無禮的話

我不做無禮的行動

我認同對方

我理解對方

我尊重對方

我已經徹底覺察

每一瞬間的言語和行動

感謝

感謝

用心去覺察

逝去的緣分任其逝去吧，在空缺的位子種下花朵的種子，當萌芽且綻放花朵時，香氣將傳遞分享給每一個人。在締結緣分的地方、眼前的所有存在，都會隨著我的心境而呈現。一切都取決於心。

日日都有良緣找上門

良緣如流水般來臨

感謝現在遇見的所有緣分

眼前遇見的緣分都是最棒的

多虧過去的所有緣分

不管是你

或是我

我們真是好的緣分

充滿希望的緣分

我明白世界上
所有的緣分都充滿著希望
感謝
感謝

覺察話語

暫時閉上也好，暫時休息也好，暫時停下也好，暫時不做也好，那怕稍微久一點也無妨。嘴是一扇招來禍端的門，必須時時鎖好才行。

我說 ─ 好話

我說 ─ 正向的話

我說 ─ 溫柔的話

我說 ─ 慈祥的話

我說 ─ 溫暖的話

我說 ─ 從容不迫的話

我說 ─ 有愛的話

我說 ─ 帶著笑意的話

我說 ─ 喜悅的話

我說 ─ 必要的話

我說 ─ 坦率的話

我說 ─ 謙虛的話

我說 ─ 希望的話

覺察每件事必要的話語

感謝

感謝

覺察生活

所謂活著，就是明白煎熬與病痛的日子過去後，好日子在前方等待我們；明白壓在我們肩上的沉重生活負擔，終究會如流水般逝去。如果有人問我活著是什麼，我會非常有自信地說：「活著就是希望」。

我活著

就只是活著

我愉快地活著

我以笑容活著

我活得很好

我喜歡活著這件事

我享受活著這件事

活著的每一瞬間都充滿希望

我活在希望之中

每一瞬間在希望中

快樂地活著

感謝

感謝

接納與覺察

只要接納所給予的、認同所給予的、理解所給予的，你眼前所有瞬間都是幸福的。不多加期望，只收下你得到的；不多加奢望，只收下在眼前出現的，一切緣分都是幸福的。

我接納

我認同

我理解

我不掛念過去的事

我不執著未來的事

我滿足於自己獲得的小小事物

我懂得微小事物的喜悅

我明白不與他人比較的幸福

我明白先尊重對方才能結下好的緣分

我明白停留在此時此刻最是幸福

爲了小小的事物滿足

懂得微不足道的喜悅

感謝

感謝

覺察凡事皆爲一體

活著活著才發現，自己活得有多麼匆忙。活著活著才感覺到，自己有多麼
愛計較。當我知道自己的想法和你的想法其實沒有太大差別時，才明白我
們是一體的。全體僅有一絲一息的差異。不論怎麼區分都是一樣的。

我覺察急躁之心

我覺察自私之心

我覺察劃分「自己」與「他人」的心情

我覺察猜忌與忌妒之心

我覺察急躁與浮動之心

我覺察盼望與貪圖之心

我覺察自己與他人並非一分為二

我覺察身心是一體的

我覺察這世上的一切都是彼此共存的

希望我能以不分你我

以及踏實之心活著

感謝

感謝

覺察本分

如果能創造的存在只有一個，那個存在必然是我。如果能辦到的存在只有一個，那個存在必然也是我。創造這個世界的唯一存在。人生的所有可能性都向我敞開。世界如想像般呈現眼前。世界會依照我所看到的、聽到的、感受到的創造出來。

我創造了自己

我改變了自己

能改變自己的存在只有我而已

我能親手創造自己想要的世界

神創造的存在當中

最偉大、最非凡、最耀眼的就是我

我能擁有自己想要的一切

我創造自己想要的世界

我擁有依照自己方式創造世界的能力

那個能力就在我之內

我能塑造與創造

這個世界上的一切

感謝

感謝

變化中的覺察

龐大的財產，像風一樣擦身而過……。令人稱羨的名譽，如同陣雨般落下……。值得炫耀的人際關係，如同落葉般著地……。鋼鐵般的體力，如灰塵般微小……。短暫成名時，當作是讓乾渴的喉嚨喝了一杯水；短暫的豐饒來臨時，當作是烈日底下出現了小樹蔭；短暫獲得榮耀時，就視為是吹拂過火焰的輕風吧。

一切都是短暫的

一切都會過去的

一切都會逝去的

一切都會改變的

一切都會擦身而過

一切都會散去

讓我明白所有來到身邊的緣分

都會改變

感謝

感謝

浮躁中的覺察

暫時回頭吧,越是浮動和急躁,就該休息一下。
暫時放下吧,越是貪心和氣憤,就該暫時放開手。

我要暫時休息

我要暫時放下

我要暫時放手

我覺察到貪欲

我覺察到憤怒

我覺察到愚蠢之心

我覺察到自私之心

我覺察到了每一瞬間的原貌

我覺察與關注每一瞬間的身體與心境

我明白

暫時放下後就會獲得解脫

感謝

感謝

恐懼中的覺察

踏上遙遠路途的旅人不會害怕跌倒，只要重新站起的次數比跌倒的次數更多就行了。

我不怕

我不害怕停頓

我不害怕猶豫

我不害怕跌倒

我不害怕站起來

無論遇到何種情況

我都不怕

無論置身哪種痛苦中

我都能覺察

並重新站起來

我明白自己擁有這樣的力量

感謝

感謝

慢慢覺察

慢慢觀看，就能看清楚。仔細觀看後，就能見到寂靜。與寂靜成為好友後，就會變得很平穩。我非常喜歡這樣。

我很平穩

我的心一直都很平穩

我維持寂靜與平穩的心境

任何瞬間, 我的精神都保持澄澈純淨

我讓大腦淨空, 平穩又清醒

我的腦內一片清澈

偶爾出現悲傷與負面想法也無妨

偶爾流淚也無妨

這一切怨懟只是瞬間的情緒

我不為了會逝去的事物動心

自己仔細觀察與覺察後

悲傷與負面想法會在某個瞬間消失無影蹤

不為了會消失的事物動心

啊

全都消失了

我非常滿意

觀看與覺察世事

讓我認識了寂靜

感謝

感謝

期待中的覺察

任何人都難免出現厭惡之心，如同人生道路上如影隨形的標籤。為何我們會厭惡呢？為何會厭惡某個人呢？這是因為你對某個人有所期待。若是對方不符合你的期待，厭惡心就會變強烈。只因為你對某個人有貪念與執著，一旦無法滿足這份期待，就會滋生厭惡之心。

我沒有期待, 沒有要求

我不貪心, 不執著

我不期望每個人都理解我

我不期望每個人都愛我

我不試圖滿足每個人

我不試圖討好每個人

我會先對自己好

我會先體貼自己

我會先理解自己

我會先愛自己

期待之心會帶來苦痛

我明白這個事實了

感謝

感謝

覺察厭惡之心

我們是訪客，是暫時停留的旅人。在說長不長說短不短，如同踏青般的人生路旅途，厭惡有什麼用？忌妒有什麼用？貪心又有什麼用？我是我，他是他，任誰都是完整的不是嗎？任誰都很珍貴不是嗎？任誰都很好不是嗎？

厭惡心變強烈時, 我不會試圖平撫

無論有什麼情緒, 我會承認

覺察

承認厭惡

覺察是哪一種心情

不論哪一種心情都會消失

不論哪一種思緒終將消失

當厭惡心持續不斷時, 試著這麼說：

「我現在厭惡著某人」

「厭惡的情緒上升了」

純粹關注、承認與覺察那股厭惡之心

接著放手

讓我時時刻刻

都能活在覺察中

感謝

感謝

覺察情感

即使是滾動的珠子，抱在懷中會成為寶石；哪怕是一杯水，用心喝便會成為補品。如果將常見的緣分視同雜草，你或許會毫不留情地拔除；如果將擦肩而過的緣分視為美麗花朵，或許會成為彼此的慰藉。就算這段緣分不是永恆，也會如同暫駐葉片上的陽光，如同風吹來的淡淡微笑，開啟和修整出彼此的花路（꽃길：祝人順心如意，好事源源不絕之意），一起走下去。

我走在花路上

我的心情很好

我是心情愉快的人

我是全世界心情最愉快的人

我是開心的人

我是全世界最開心的人

我是幸福的人

我是全世界最幸福的人

我是令人疼愛的人

我是全世界最令人疼愛的人

讓我明白

自己是這個世界上

最討人喜歡的存在

感謝

感謝

覺察緣分

再美好的緣分，若欠缺雙方的努力，終究難以長久維持。再惡劣的緣分，若彼此都願意付出努力，必能轉變成良緣。不過，無論如何努力也挽回不了的關係，要懂得任其如流水般流走。

我會結下良緣

我每天都會遇上良緣

我每天都有如流水般的良緣到訪

此刻在我身旁的都是最好的緣分

我遇見的每個人都是好人

世上所有存在, 都是為我帶來領悟的感激存在

今天我也會遇上良緣

感謝所有來到我身邊的緣分

讓我明白

如今身旁的緣分

都是最珍貴的

感謝

感謝

覺察日常

我本來不懂得日常是幸福、不懂得平凡是幸福。不懂得珍惜近在身邊的幸福。我本來不懂得當下瞬間就是幸福,不懂得現在的生活就是幸福。等到過去了,才知道這是幸福。

我是幸福的

每一瞬間都很幸福

我活著的每一瞬間都很幸福

幸福一直存在於平凡的日常中

我感謝存在於此的自己

環繞我的一切皆為幸福的泉源

感謝我活著的每一刻

我是過得很好又幸福的存在

我覺察每一刻的喜悅, 每一刻都活得很充實

現在我在呼吸, 這樣就夠了

我敞開心房, 以寬容之心度過每一刻

我的生活依照自己想要的方式度過

此刻我活得很自由, 而且享受自己當下的生活

此時此刻的幸福

是我活得既充實又自由

感謝

感謝

覺察時間

即使覺得每天都是一成不變的日子，也要記住，我們每一刻都在重生。記住每天晨起都能獲得一份名為24小時的禮物，並且懷著感謝之心。記住所有迎面而來與擦身而過的世事，皆為時節因緣。感謝吧，對所有事、所有人表達感謝吧。

我放低身段

我擁有溫柔之心

我不會得意忘形, 時時謹言慎行

我尊重他人, 不愛出風頭

我先認同、理解與體貼他人

我覺察傲慢之心, 不自誇自讚

不論遇到什麼狀情況, 我都不埋怨

我知道何時該停止或前進

我知道何時該休息或工作

願我時時刻刻都能對所有人

抱持著感謝之心

感謝

感謝

覺察語氣

說話習慣會讓人生180度改變，現在開始嘗試看看吧。

我是世上獨一無二的存在

我愛自己，我真的很棒

我的人生一直都很愉快、有意義又順利前行

我人生中必然到來的驚人奇蹟在等著我

我人生中注定的幸運機會來了

我所到之處都有良緣在等待著我

我的人生向來充滿機會與好事

不論面臨任何狀況，我都能好好克服

我一直都以正向與樂天的態度生活

我身邊一直有心態正向的好人幫助我

與他人相遇總是令我既愉快又幸福

我選擇此時此刻變幸福

我感謝自己擁有的一切

我的生活總是充滿機會

只有好事發生

感謝

感謝

從容的覺察

從容是提升好感的力量；從容是打動人心的力量；從容是讓人行動的力量；從容是吸引好運的力量。保持從容吧。無論身在何處，都要從容不迫。

我很從容

我有餘裕體貼他人

我有餘裕去愛他人

我活得從容不迫

無時不刻都保持從容

我是個有餘裕的人

我是個有餘裕的存在

無論在何處

我的人生總是悠然自得

感謝

感謝

治癒的覺察

改善的開端從我的內在開始。好轉的起點從我的內在出發。如果明白一切都始於我的內在，我就能治癒自己。如同鐘錶工匠修理時鐘一樣，打造出自己的我也有能力治癒自己。我是具備治癒力量的存在。

我的身體很舒適

我的身體現在很溫暖

我的靈魂現在很溫暖

我知道身體現在得到治癒、正在復元

此刻，我的內心與身體

正在逐漸好轉、變得更健康

我的身體充滿希望

我的心充滿希望

不知不覺中克服了一切並且好轉

我的心已經獲得治癒

我的身體也正獲得治癒

此時此刻，所有層面都正在好轉

此時此刻，所有層面都在治癒當中

我可以治癒自己
　　感謝
　　感謝

覺察流轉

不論多麼困難或煩惱，專注於覺察上。不論多麼憂鬱和悲傷，專注於覺察上。我已覺察一旦當下這一瞬間過去了，就會散去的事實。而我只是去覺察。如水往低處流動、淡薄，最終消失一樣。我只是去覺察。一旦這一瞬間過去了，就能迎來平穩之心。我只是去覺察。覺察，一切終將流逝。

我覺察

就只是去覺察

我不加思索地去覺察

我不動情緒地去覺察

我覺察每一瞬間

我覺察所有情況

我是覺察的主體

我如實覺察

莫對終究會消失、改變的事物

付出太多心思

感謝

感謝

這一瞬間的覺察

所謂覺察，是指完整、如實地注視我周圍發生的每一瞬間，並且停留在此時此刻。過去早已結束，未來尚未到來，可以確定的只有現在而已。

我存在於此刻

我停留在此時此處

我正在呼吸

我現在眼前的瞬間即為全部

我停留於其中

我存在於其中

現在這一刻

只有這是真的

只有這是全部

就是, 現在

就是, 這一瞬間

只有那個才是真的

那才是全部

呼吸的此一瞬間
我活著的此一瞬間
我明白所有的瞬間
感謝
感謝

覺察的祈禱

今天
我也覺察自己活著
今天
我也覺察自己在呼吸
今天
我也覺察自己是存在的
今天
我也覺察愛的本質

不管別人怎麼說
我覺察到自己就是希望

覺察
覺察

DAY 76~DAY100

第四階段

順
流

活著這件事
如同順流而行
我的人生由我來活
迎接人生的起始與終結
隨著這條江水順流而去
我人生的劇本由我來寫
我親手創造
這就是我的生存之道
這就是我的順流之道

不論哪裡都能活下去
不論哪種緣分都能活下去
我就活在在某片天空下

我的人生, 由我來過
我的人生, 由我來活
人生是屬於我的

順流, 如同成為大自然的一部分

放手的順流

憂愁會導致受傷，擔心會帶來病痛。煎熬會留下傷痕，緊握會留下清晰痕跡。如同殘渣般既沒用也無法使用的沙堡。對缺乏本質的事物付出全力，只是平白讓無中生有的事物勒緊自己的身體。當你試著順流而過，才發現一切不留痕跡，回首無影蹤。

我任思緒流去
所有思緒消失

我任煩惱流去
所有煩惱消失

我任擔憂流去
所有擔憂消失

順流帶來舒適
順流帶來平靜

人生的一切狀況
都任其自然流過
　　感謝
　　感謝

存在與順流

睜眼是清晨，閉眼是夜晚。要順其自然，和諧地解決喔。因存在而順流，無我亦無他。

感謝今天自己也被珍視

感謝今天也有時間

感謝每天健康都在好轉

為了讓今天比昨天更好

感謝我能全力以赴

感謝今天也發生好事

感謝今天也變健康了

感謝今天所有事情都有順利解決

今天我也存在

今天我也順流

順和的每一天
順利地向前流去
感謝
感謝

自重的順流

像是掏空了卻又沒有，像是填補了也不會滿溢出來。想要享受卻無法消受，那麼以不令人鬱悶的擁抱來填滿我吧！不過，若滿溢出來的話，就任其流逝吧。

今天我也填滿了正向心態

今天我也填足了滿滿的愛

我一直擁抱著自己

無論做出何種選擇，我都支持與愛著自己

我愛自己現在原原本本的模樣

我是值得享有巨大豐盛、富有與幸福的存在

我一直都只發生好事

現在如實的我已經是完整又美好的存在

我真心珍惜與愛著自己

每天都用愛填滿自己

我可以無條件地

愛著原原本本的自己

感謝

感謝

珍貴的順流

尋找珍貴事物的時節、尋找美好事物的時節、四處尋訪新奇事物的時節。回首才發現,世界上沒有任何事物比自己更美妙。認為每件事都不順遂,運氣不佳的那段時節,是因為我從未珍視過自己。當我珍視、愛惜與照顧自己時,這世上會有許多帶來福氣的善神疼惜與照顧我。

我是珍貴的存在

我是真正珍貴的存在

我是可貴的存在

我是真正可貴的存在

當下原本的我已是珍貴的存在

當下原本的我已是可貴的存在

當下原本的我已是感激的存在

感謝我到目前為止都過得很好

我是這世上獨一無二的珍貴存在

我深愛這世上獨一無二的自己

能夠好好珍視活在這世上

獨一無二的我

感謝

感謝

今天的順流

出生後一看是今天。仔細一看，就在稍早之前。再看一次，是昨天，揉揉眼睛一看，又是今天了。

我今天再次重生了

我今天收到禮物了

在收到祝福的這一天

所有我走過的路都很和平

所有我說過的話都充滿香氣

我是為所到之處帶來平和的存在

我是為所到之處帶來安息與寧靜的存在

今天對我來說最為美麗

今天對我來說最為珍貴

今天是人生最棒的一天

每天每天都再次重生

感謝

感謝

笑容的順流

你可能會像石頭一樣堅硬，也可能會像故障的時鐘一樣停止。如果你此刻不笑的話。

我笑了

我臉上始終能感受到笑容

我每天每天都笑

我隨時都在笑

我無論是在家、工作場所, 任何地方都在笑

我臉上總是充滿笑容

我笑了, 世界也笑了

世界笑了, 我也笑了

笑容的主角就是我

我隨時露出微笑

我的笑容充滿愛

當我笑了, 世界會變得充滿笑容

活著的每一瞬間
我都不會失去笑容
感謝
感謝

成爲順流的主人

我所在的地方，主人是我；我所停留的地方，主人也是我。不要畏縮，
因為我就是主人。

我是主人

不論在哪, 我是主人

不論哪個位置, 我是主人

不論在什麼地方, 我是主人

不論存在於何處, 我都是那個地方的主人

我作為主人活下去

我作為主人留下來

我作為主人順流而去

我明白

自己就是人生的主人

感謝

感謝

不停止的順流

絕對會實現。這是通往實現的道路。宇宙在對我說，那是一條已經實現的路。所以默默向前邁進吧！休息一下也無妨，但千萬別停下腳步，最後一定會達成的。

我會實現

我一定會實現

會依照我所想像的實現

我不會停下來

我依然在精進

我默默地順流

我以十足的信任順流

我是依照宇宙的秩序進行

我是依照宇宙的進程順流

我明白

最終絕對會實現

感謝

感謝

實踐的順流

動起來吧！若停滯不前，就會一直待在玻璃瓶中。若停下腳步，你只會看見身旁圍繞的玻璃。行動吧！不要逗留，變化後就會出現原本沒看見的山丘，遇上清涼的河流，以及充滿香氣的庭園。所以馬上行動吧，我會和你一起攜手向前。

我不滿口空話，會親身實踐

我不急躁，會更加慎重反思

我不獨斷，會溫和地深思熟慮

我沒有不安，會心平氣和

我不混亂，會保持清晰的精神狀態

我會鼓勵與體貼自己

我不在過去或未來，只留在當下

我不懶散，誠實面對每一件事

我不安於現狀而勇於挑戰

我擺脫虛偽，為人正直又真實

我不停留而尋求變化

我能在任何絕望中看見希望

我不止步，而是如水般順流

我明白
無論面臨多煎熬的瞬間
我都會陪伴著自己
感謝
感謝

動搖與順流

動搖也無妨。暫時動搖一下也沒關係。在動搖中活著才是人生。下雨時，任雨流去；下雪時，迎接降雪；動搖時任其動搖，停止時任其停止。只要知道這個就夠了。動搖是為了飛翔而準備的時間。

動搖也無妨

短暫疲憊也無妨

偶爾放下也無妨

暫時休息也無妨

偶爾放手也無妨

我會再次飛翔

我會再次站起

我會再次痊癒

我會再次改善

即使短暫停留

我也擁有重新開始的力量

感謝

感謝

期待的順流

別期待不貧困，別期待不生病，別期待不年老，別期待不死去。無論你願不願意，一切終將轉變會。別期待現在這份心意不變，別期待現在這份愛不變。內心被割傷。苦痛始於想讓會改變的事物保持原狀的念頭。

一切都會流逝

世上的一切都會流逝

一切都會改變

世上的一切都會改變

放開吧

我放開貪欲

我放開眷戀

我放開現在這一瞬間

我安心地按照當下原樣順流而去

如流水般安心地順流而行

不緊抓便能任一切痛苦流去

放開一切

一切順流

我明白

放手讓一切順流時

一切都會來到我身邊

感謝

感謝

日常的順流

我曾認為只有自己很不幸。覺得只有自己因為不幸福而受挫，是什麼讓我如此悲傷與煎熬？我是明白的。越想要幸福，越難得到幸福；越是追求幸福，幸福越是遠去。一旦放下渴求幸福的執著，平靜隨之而來。當時的我不知道，原來不痛苦本身就是一種幸福。

我很幸福

我現在很幸福

我是幸福的人

我的人生很幸福

我過著幸福的人生

我是非常幸福的存在

我是過著幸福人生的存在

真的很幸福

所以我很感謝

打從心打感謝

我能活出幸福的人生

我明白每一瞬間

都是幸福的時刻

感謝

感謝

眷戀的順流

隨著年紀增長，如果想讓生活變得比以前更平靜，就要區分出現在必須延續下去的事物、該捨棄的事物，以及該停止的事物。千萬別留戀。斷了就輕鬆了。

我不眷戀

我會停止

我不迷戀

我立刻停止

我淨空

我淨空這一刻

我會放手

順流而去

放下眷戀，任其流去時

內心終於平靜下來了

感謝

感謝

自我珍惜的順流

上了年紀獨自一人也很好。人只是獨自前來又獨自離去。在短暫又漫長的旅程中，能一路相伴的唯一存在，就是我自己。吃了不少苦，也累壞了吧。這段期間真的用盡全力了，真心感謝自己。

我疼惜自己

我照顧自己

我理解自己

我體貼自己

我安慰自己

我珍視自己

我真心愛自己

隨著年紀增長

我明白獨處的時間

能夠讓自己變成熟

與學會照顧自己

感謝

感謝

擔憂中的順流

即便試圖想起一年前擔心過的事情,相關記憶早已消失無蹤。眼前的擔憂,過了一段時間,就會明白其實微不足道。不要在擔憂中徘徊不前,別為了無謂的事情掛心。你的擔憂永遠都是太過超前。

我順流而行

就只是順流

我毫無牽掛地順流

我不被任何事情絆住地順流

我任由每一瞬間如水般順流

我今天也順流

我每天都順流

我如常順流

順流而去

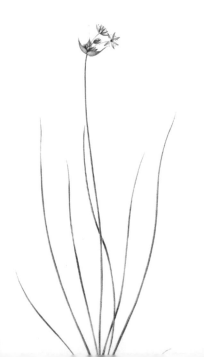

我明白

現在的擔憂

皆毫無意義

感謝

感謝

DAY 91

傷痛中的順流

縱使我的人生遭遇暴風般的巨大悲浪襲來，一切終將過去。縱然一天疲倦到腳步也抬不起，徹夜的懇切祈願化為泡影，一切都會過去。即便感到沒有任何人支持的孤寂時，一切都會流逝。就算因愛人離去徒留傷痛而迎來心寒的夜晚，一切也終將過去。

一切都會過去
一切都會流逝
所有瞬間都會過去
所有瞬間都會流逝
所有緣分都會過去
所有緣分都會流逝

縱然在疲倦又難熬的人生中

苦悶到夜晚難以入睡

我也明白一切終將過去

感謝

感謝

禁錮中的順流

試著原諒自己吧，唯有如此才能原諒他人。試著理解自己吧，唯有如此才能理解他人。試著接納自己吧，唯有如此才能接納他人。試著愛自己吧，唯有如此才能愛上他人。

原諒我身旁的所有緣分
理解我身旁的所有緣分
願我身旁的所有緣分都很健康
願我身旁的所有緣分都很舒適
願我身旁的所有緣分都很安全
願我身旁的所有緣分都很幸福
願我身旁的所有緣分都很平靜
願我身旁的所有緣分都有希望

我明白理解與寬恕自己
等同於理解與寬恕他人
感謝
感謝

擁抱自己的順流

人生可能會遇見深水，也可能會遇見大浪。就算面臨苦痛與巨大折磨，我也能再次站起來。不論遇上多大的痛苦和折磨，我也會再次站起來。如同在空中翱翔的候鳥，不會停止振翅向前飛行。以滿面笑容稱讚這樣的我吧。

我做得很好，非常好

我今天也做得很好

我今天也大力稱讚

我今天也辛苦了

我今天也非常好

我要說我永遠是最棒的

我要說我的每一瞬間都是奇蹟

我明白

唯一能讓我站起來的

就是我自己

感謝

感謝

耀眼的順流

在耀眼美麗的日子，遇見了耀眼的我，我想和耀眼又珍貴的你，一起度過耀眼燦爛的人生。

現在這樣就好

很足夠了, 做得很好

表現得太好了

謝謝我呀, 非常感謝

也很感謝今天一整天

謝謝, 辛苦了

謝謝我今天表現得很好

謝謝我今天有好好過著

真的謝謝、謝謝

愛你喔, 愛我自己

艱困世上, 謝謝我和自己一起度過

我明白這世界上

最耀眼的存在就是我

感謝

感謝

善良的順流

請牢記在心，說善良的話、做善良的事、過善良的生活。保持善良。

從今天起, 我要有善良的想法
從今天起, 我要說善良的話
從今天起, 我要做善良的行動

我一直都有善良的想法
我一直都說善良的話
我一直都做善良的行動

我很善良, 擁有善良的心
我身邊充滿善良的人
我遇見的所有緣分都是善緣

我明白廣結善緣

會成爲我最大的禮物

感謝

感謝

服侍的順流

別硬要斬斷某種想法，因為越想消滅越會成為無法抹滅的烙印。不試圖冷硬地抹除不安的情緒，因為那是來自我過去的創傷。面對深刻的傷痕，你只要予以尊重和服侍就夠了。面對沉痛的記憶，只要予以照顧、和解與輕輕安撫就夠了。唯有反覆進行這項服侍，心中的那個孩子才會停止哭泣。

我服侍自己

我珍重地服侍自己

我比任何人都優先服侍自己

我擁抱自己深沉的傷口

我擁抱自己疼痛的過去

我擁抱自己煎熬的記憶

我體貼與安撫自己

我理解與認同自己

我尊重與尊敬自己

我可以侍奉、安撫

與擁抱自己

感謝

感謝

流動中的順流

流動的河水不回頭，只是向前流動。不瞻前顧後，只是順著自己前往的方向流動。只明白在當下此刻流動的這個瞬間。不是過去或未來，只是全心投入這個瞬間的流動。只是順其自然，在感恩中度過這個瞬間。現在，就這樣順流而去吧……。

我會順流

我不回頭

我不回頭

我在自己的路上默默流動

隨波順流

一切都順利流去

豐足的順流

感激的順流

滿足的順流

我已經見到豐足與幸福的人生河流了

所以我很感謝

這個天大的福分

既非過去亦非未來
唯有此刻瞬間得以流過
感謝
感謝

從容的順流

試著用呼吸暫時放鬆一下吧。從鼻子深深吸入一口氣,並在心中說「吸氣」,然後將嘴唇微微張開,慢慢地從嘴巴吐氣。接著再試兩次。好,這次放鬆地用鼻子吸氣,心中默念「一」;同樣用鼻子吐氣,心中默念「二」。反覆兩次後,很快會覺得自在,馬上平靜下來。

我很從容

我每天都很從容

我的生活很從容

每次呼吸我都很從容

我真的很從容

每天在所有面向都很從容

感謝我從容的生活

我很平和

我每天都很平和

我的人生已經很平和了

每次呼吸時我都很平和

我真的很平和

每天在所有面向都很平和

感謝我平和的生活

我呼吸的每一瞬間

都變從容了

感謝

感謝

信念中的順流

如今看見了，某樣事物在變化。我確信有什麼在改變。產生了信念，可以得到治癒的信念。既然如此，就試著去相信吧！如果連我都不相信自己，誰也不會相信我。如今是我的信念讓我振作起來的時候了。沒錯，就是現在。

一切必定會獲得治癒

我的心中完全具備治癒的能力

無論是何種疾病、何種創傷、何種苦痛、

何種折磨、何種記憶

一切必定會獲得治癒

不要忘記這份信念

這份信念是種子

在心底種下這份相信

然後去相信

如此你的心願必定會成為現實

奇蹟與治癒之力在等待著

如今一切將如流水般改變

沿著這條河流悠悠流去

一切必定得到治癒

一切事物

都正在順利流動

感謝

感謝

屏除欲望的順流

以前有很多渴望，因為沒發現自己擁有的夠多了。越是覺得不滿足，不滿的心情越強烈。雖然自認早已清空了許多欲望，但還是殘留了很多。隨流清空，有生之年都持續下去吧。

我表現得很好

我表現得夠好了

我已經表現得夠好了

我今後也會表現得很好

我現在已經表現得很好

對, 我表現得夠好了

對, 我已經表現得夠好了

對, 我一定能勝任

對, 照目前這樣已也足夠了

往後我也會表現得很好

一切都會很好

別擔心

順流而去

別放過清空每一瞬間
任一切順流的心念
感謝
感謝

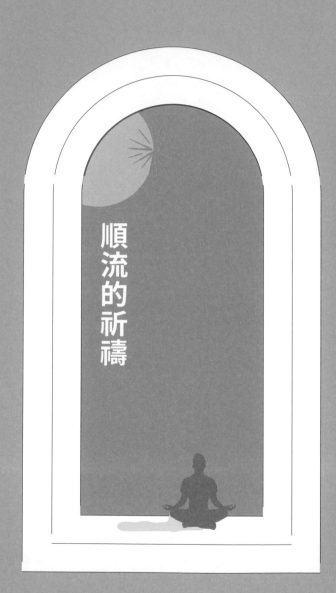

順流的祈禱

對我來說
不論面臨哪種日常
都不會造成阻礙
不論遭遇何種傷痛
都不會被傷痛影響
不論遇見何種困境
都不逆流而行

隨時隨地
如流水般順流

順流而行
順流而行

雙手合十祈禱

創造人生奇蹟的 100 日冥想書寫

作　　者：采奐（Chae Hwan）
譯　　者：林建豪（Bryan Lin）

總 編 輯：林麗文
副 總 編：黃佳燕
主　　編：高佩琳、賴秉薇、蕭歆儀
行銷企劃：林彥伶、朱妍靜
責任編輯：高佩琳
封面設計：FE 設計
內頁排版：鏍絲釘

出　　版：幸福文化出版社 / 遠足文化事業股份有限公司
地　　址：231 新北市新店區民權路 108-3 號 8 樓
粉 絲 團：https://www.facebook.com/happinessbookrep/
電　　話：（02）2218-1417
傳　　真：（02）2218-8057

發　　行：遠足文化事業股份有限公司
郵撥帳號：19504465
網　　址：www.bookrep.com.tw
客服信箱：service@bookrep.com.tw
客服專線：0800-221-029

法律顧問：華洋法律事務所 蘇文生律師

印　　製：通南彩色印刷有限公司

團體訂購另有優惠，請洽業務部：
（02）2218-1417 分機 1124

初版一刷：西元 2023 年 02 月
初版二刷：西元 2024 年 01 月

定　　價：420 元
ISBN：9786267184660（平裝）
ISBN：9786267184721（EPUB）
ISBN：9786267184738（PDF）

BOOK REPUBLIC
讀書共和國出版集團

特別聲明：有關本書中的言論內容，不代表本公司 / 出版集團之立場與意見，
文責由作者自行承擔。

國家圖書館出版品預行編目 (CIP) 資料

創造人生奇蹟的 100 日冥想書寫 / 采奐著 ; 林建豪譯 . -- 初版 . --
新北市 : 幸福文化出版社出版 : 遠足文化事業股份有限公司發行，
2023.02　面 ; 　公分 . --（富能量；56）
ISBN 978-626-7184-66-0（平裝）
1.CST: 自我實現 2.CST: 生活指導 3.CST: 成功法
177.2　　111021651